AF265621

DU PROJET DE LOI

SUR

L'AMORTISSEMENT.

« Retirez le fonds d'amortissement en tota-
« lité et faites-en ce qu'il vous plaira ; mais
« garantissez en même temps que l'industrie
« ne soit entravée par aucune taxe : pour le
« repos des créanciers, pour le maintien
« du crédit, c'est la sécurité la mieux fon-
« dée, la plus durable. » (*Lord Lansdown*,
mars 1830.)

PARIS,

A. PIHAN DELAFOREST,

IMPRIMEUR DE LA COUR DE CASSATION,

RUE DES NOYERS N° 37.

1830.

M. Necker avait parfaitement senti, que la plus pressante des obligations du gouvernement, n'était pas de réduire la dette. « La mesure des remboursemens doit être « déterminée avec sagesse : il ne faut jamais oublier que « c'est avec les tributs des peuples qu'on y pourvoit, et « que les soulagemens dont ils ont besoin sont aussi une « des dettes du souverain...... »

L'amortissement sera, si l'on veut, la caisse d'épargnes des contribuables ; mais si l'on approuve l'artisan qui dépose à la caisse d'épargnes le fruit de ses économies, on trouverait à bon droit ridicule que la manie de thésauriser s'emparât de lui au point de l'engager à se priver de pain pour y satisfaire.

Par la seule force des choses, une dette se réduit toujours d'elle-même, sans amortissement, pourvu qu'on ne l'augmente pas. L'accroissement de la richesse, l'accumulation constante et progressive des capitaux et des valeurs réelles de tout genre, élevant sans cesse le prix nominal de toutes choses et le chiffre des revenus publics et privés, la dette de l'Etat, représentée par un chiffre constant, décroît relativement dans la même proportion. Il faut donc reconnaître que le temps fait à lui seul, office d'amortissement, et que l'on renonce gratuitement au bénéfice de son action, en poursuivant avec trop de vitesse, le remboursement des dettes publiques.

Il y a plus : c'est que l'exagération de l'impôt que l'on est obligé de maintenir pour précipiter ce résultat, est la chose du monde la plus propre à paralyser l'essor vraiment libérateur de la production et de la richesse générale. « L'impôt, a dit judicieusement M. Laffite en 1829, « affecte puissamment la production, en venant s'ajouter « à son prix. Le milliard perçu sur la société toute en« tière, est un milliard ajouté chaque année, au prix de « tout ce qui se produit et se consomme. » (*Journal du Commerce* du 1ᵉʳ décembre 1830.)

Un vaste système d'amortissement est présenté.

On demande la consolidation du fonds primitif de 40,000,000, avec l'adjonction du profit des rachats et du bénéfice des réductions.

En supputant à 10,000,000 la rentrée annuelle des ventes de bois, avant trois ans, l'amortissement sera porté à 100,000,000.

En ne calculant plus sur cette rentrée, il s'élèvera dans six années, à 110,000,000, et dans dix années, à 130,000,000.

C'est-à dire que le montant des rachats, équivaudra à la somme des rentes restantes.

Ou en d'autres termes, que l'État paiera 10 pour 100 d'intérêt sur la masse des emprunts; en se réservant seulement l'espérance d'être libéré, en 1860 à peu près, de toute la dette actuelle.

Et si la réduction des cinq en quatre pour cent est opérée, l'amortissement montera, dans trois ans à 126,000,000, dans six ans à 140,000,000, dans dix ans à 164,000,000.

C'est-à-dire que l'État paiera au-delà de douze pour cent d'intérêt, en conservant l'attente probable d'être libéré de la vieille dette, devers 1850.

Maintenant, s'il est licite de croire qu'avant

1860 ou 1850, l'État ait emprunté une somme égale , le même procédé lui sera appliqué sans doute.

De sorte qu'à l'extinction de la dette actuelle, la nouvelle dette jouissant déja de l'amortissement à intérêt composé , il y aura aussi à payer sur son capital, dix pour cent d'intérêt.

Ce qui , pour peu que les emprunts se succèdent , ne doit jamais avoir fin.

Car l'article qui autorise à annuler des parties des rentes rachetées , ne pourra guère recevoir son exécution, tant que la méthode des emprunts restera en vigueur.

Encore, on conçoit que l'Etat se résigne à supporter une telle charge, pendant quelques années; attendu que la jeunesse à présent gouvernante , travaille pour ses vieux jours.

Mais à son insu , elle passera à la maturité, à la caducité, s'efforçant de même à retenir le pouvoir , et s'empressant de plus en plus à le mettre à profit.

Avant peu , il paraîtra intolérable de payer éternellement l'intérêt de la dette à raison de dix pour cent.

Soit que la charge des guerres ou le désastre des révolutions enlève les ressources ;

Soit que les emprunts venant à cesser, aucun motif d'intérêt ne donne plus de poids aux vœux de l'équité ;

Soit que l'exemple et le calcul aient appris enfin

que les emplois productifs sont vraiment à pré-
férer aux autres.

Et cela est prévu dans l'exposé des motifs.

« Ce qu'il y a de plus difficile à exiger des gou-
« vernemens, c'est l'acquittement de leur dette. »

« L'une des plus grandes objections adressées
« au système d'amortissement, c'est qu'on le viole,
« et qu'alors il se réduit à une promesse sans ac-
« complissement. »

Il faut ajouter, dans l'intérêt de l'Etat, qu'il se
réduit à un sacrifice, sans résultat.

L'Etat aura payé, pendant dix années, l'intérêt
de sa dette, presqu'au taux de dix pour cent.

Il aura amorti ainsi, environ un quart du
capital.

Or les frais se sont élevés par moyen terme, à
120,000,000 par an, et dans dix ans à 1200,000,000,
équivalant, au compte de la richesse publique,
à deux milliards et demi.

Le bénéfice se borne à l'extinction de 40 ou
50 millions de rente.

A peine cette faible réduction lui permet d'emprunter à un demi pour 100 de moins :

Peut-être même la faillite venant en tout ou en
partie, ne laisse plus aucun moyen d'emprunter ;
auquel cas, la perte est réalisée et les profits s'é-
vanouissent.

Osons dire toute la vérité.

La faillite est la fin inévitable du crédit, d'autant hâtive , qu'il est haut; car on emprunte plus, on rachète moins,

La faillite est obligée dans l'avenir ; parce que la guerre consomme au-delà de ce que produit la paix ; et parce que les révolutions dévorent à l'instant, ne rapportent qu'après du temps;

Ou en thèse générale, parce que les emprunts sont de moins en moins respectés , en double raison de leur date, de leur masse.

L'amortissement tel quel , n'y fait rien ; atténuant peu la somme des rentes , s'il est faible ; et appauvrissant beaucoup le fonds productif, s'il est fort.

La faillite est apparue dans le passé , en une façon partielle et sous des formes diverses.

Tantôt au moyen du papier monnaie ou de la hausse du titre des espèces ;

Tantôt à l'aide des réductions violentes ou des remboursemens simulés.

Tantôt par la voie des emprunts forcés ou de l'impôt sur le revenu.

Même , il faut rendre graces à ces mesures dilatoires et palliatives; car si le fardeau n'avait pas été allégé ainsi, on s'en serait déchargé tout-à-fait.

C'est la loi irrévocable , dont le pressentiment adoucit quelque peu la rigueur, en tenant le cours des effets publics, en due proportion.

Sauf toutefois qu'un amortissement trop fort,

incapable d'y déroger, vienne la rendre plus rude, en forçant la cote des prix.

C'est la loi semblable, à tous les principes essentiels des choses, en ces deux points capitaux :

Que la futile idée, ne se rappelant que d'hier, ne perçant pas au-delà de demain, en est choquée au vif, est tentée de les renier;

Et que la volonté vaniteuse prétend se soustraire à leurs conséquences, ne parvenant le plus souvent qu'à aggraver le coup.

En ce cas, par exemple, la faillite totale ou partielle, serait plutôt ajournée, en garantissant à jamais l'intégrité de la rente, qu'en opérant des rachats à intérêt composé.

Comme aussi par l'effet de cette garantie, et par l'accroissement du fonds productif, le taux du crédit se tiendrait plus constant, plus solide, au lieu qu'à présent le cours de la bourse se montre variable et fragile.

Quel dommage que cela soit trop simple ?

Le système d'amortissement paraît être conçu, en vue des chances de guerre.

On engage la fortune de l'Etat pour un temps illimité, à l'acquit de 120 millions par an, terme moyen.

En retour, que peut-on espérer? tout au plus un emprunt éphémère de 200 millions; tout au plus un bénéfice de demi pour cent à la négociation.

Le bénéfice offre 1 million ; la charge présente 120 millions.

Et le premier emprunt étant consommé, de nouveaux frais, en une proportion progressive, seraient nécessaires pour en obtenir un second.

Si ces frais ne peuvent s'acquitter, si nul emprunt n'est praticable, il ne restera de choix, qu'à subir gratuitement le fardeau ou à violer indignement la promesse.

Comme l'Etat n'a pas à hésiter long-temps entre ces deux alternatives, l'engagement pris à cette heure, annonce, assure d'avance sa résiliation obligée.

En faisant abstraction de sa propre volonté, bientôt frappée d'impuissance, en pénétrant plus avant dans les nécessités inévitables du temps, c'est livrer le gage en façon d'appât, pour le retirer après le succès.

Cependant le public va peut-être porter un jugement en ce sens; et pour lors, les fonds ne se rendront pas à l'appel.

D'autant qu'à l'ouverture d'une guerre aussi critique, les ressouvenirs de toute sorte se réveillent : tantôt 1793 et 1794, tantôt 1814 et 1815 glacent d'effroi.

Il n'y a moyen désormais de persuader que la victoire est certaine, que l'anarchie est impossible.

Puis, tout change ici bas.

Simultanément, les Etats rivaux, les bourses alliées, ont été ébranlés, jusque dans leurs principes intimes.

La pensée n'a qu'un objet. Son essor se transporte de la finance , vers la politique; le prestige du crédit s'évanouit devant celui de la liberté.

Il n'y a plus de fièvre à la hausse , comme disait un ministre , qu'en fait des crises sociales , que sur les voies de la perfectibilité humaine.

De là, le cœur est froid et l'esprit timide, au sujet des opérations d'emprunts.

Peut-être même, plus il sera fait de frais, plus il y aura de craintes.

Admettons pourtant que l'emprunt a été contracté : des termes de paiement seront alloués; il suffira de quelque revers , pour mettre fin aux versemens.

Rien n'assure le succès de la première entreprise: tout repousse les espoirs de la seconde tentative.

L'Europe est en guerre, en feu : la France est en trouble , en discorde.

Certes Napoléon encourait moins de périls , dominait autrement les chances : sans qu'un écu se soit jamais donné sur la foi de sa fortune.

Et la convention plus puissante en ce qu'elle était plus violente, ne s'est défendue qu'au moyen des assignats, des confiscations.

Qu'on suppose l'une ou l'autre :

La victoire lègue le malaise, souffle l'orgueil , tue le devoir.

La défaite démembre le pays , renverse les formes, change le chef.

Quel capitaliste manquerait à le voir ?

Deux erreurs ont pénétré dans les plus fortes têtes.

Les habitudes de la paix, enracinées pendant quinze ans, dominent à l'avènement de la guerre.

De plus, l'exemple de l'Angleterre est induement appliqué à la France.

Servons-nous de la raison.

Cet Etat est isolé de l'Europe, est abrité contre l'invasion.

Cet Etat est sorti de révolution, est stable dans ses lois et rallié quant aux opinions.

Enfin, cet Etat, grace à la loyauté immémoriale, à l'industrie progressive, est opulent en capitaux, en crédit.

Or qu'est-ce que la France ?

Profitons de l'expérience.

Qu'on cite une guerre qui ait été soutenue en France, à l'aide des emprunts.

Des réductions de rentes, des créations de charges, des subventions passagères, des contributions nouvelles, des anticipations éloignées, ont été plutôt pratiquées.

L'Etat se traînait jusqu'au retour de la paix: alors réparant les brèches, réglant les comptes, par la voie des négociations.

Il faut en dire autant de l'Autriche et de la

Prusse, à moins que l'Angleterre ne vienne à leur appui.

La cause se trouve générale, commune.

C'est qu'en outre des chances de l'invasion, dans les États de nature agricole, l'existence sociale n'est point liée, point enchaînée au maintien du crédit.

A leur égard, les faillites réitérées, ressemblent à ces nuages dont l'horizon se voit un instant, se voit à peine obscurci.

Tandis qu'en Angleterre, la banqueroute agirait à la façon de ces tremblemens de terre, de ces irruptions de la mer qui bouleversent le sol, jusqu'en ses fondemens.

Là, rien n'oblige que l'équité; ici, la nécessité même commande.

Maintenant, il sera peut-être permis d'avancer que le système proposé, entraîne un effet politique, un effet financier, l'un et l'autre funestes.

D'abord, ce projet grandiose, inspire la foi en sa puissance, suscite l'audace dans ses relations, pousse à la guerre enfin.

Et nul ne sait où aboutirait la guerre; chacun sait comment elle se comporterait.

Puis, au lieu de fournir des moyens appropriés, le projet détourne ou consume les ressources naturellement offertes.

Les 90 et 100 millions dévolus à amortir la

dette , auraient servi à organiser, à entretenir l'armée.

Or, leur emploi assigné à cette œuvre , restitue aussitôt le fonds à la circulation productive, toute prête à créer une nouvelle matière imposable.

Au lieu que suivant l'autre mode, l'emploi se borne à jeter sur la place de l'agiotage, un fonds stagnant et stérile.

Différence tellement capitale , qu'à bien dire , la richesse publique serait moins gênée , moins grevée, de fournir les 200 millions destinés aux frais de la guerre, que les 100 millions absorbés par l'amortissement.

Un passage précieux de l'exposé des motifs, vient à l'appui de cette assertion.

« L'impôt prend les capitaux où ils ne sont
« pas, dans les bourgs , dans les campagnes ;
« l'emprunt les prend où ils sont, dans les grandes
« villes et les capitales. L'impôt les prend où ils
« coûtent 10 et 12 pour 100, l'emprunt où ils
« coûtent 4 ou 5. »

Rien n'est plus véritable : sauf que si le montant de l'impôt rentre en circulation, retourne à la production , au bout de deux ou trois mois; alors il ne coûte que 2 ou 3 pour 100, tandis que l'emprunt coûte de 4 à 5.

Même, il faut entendre que les 200 millions d'impôt ne seraient levés qu'une fois; et qu'à l'effet de les obtenir par voie d'emprunt, plus de la moitié devrait être levée, chaque année, pour un temps indéfini.

Ici, c'est surtout à l'égard du fonds d'amortissement, qu'éclate un trait de lumière.

L'impôt qui le fournit coûte 10 et 12 pour 100 : l'emploi qui en résulte, rapporte tantôt 5, tantôt 4 pour 100.

Sur 100 millions, la perte en revenu, monte à 6 ou 7 millions ; la perte en capital s'élève en une progression incommensurable.

Si l'emploi est accompli, les intérêts accumulés à 5 pour 100, équivalent au capital en 14 années.

Si l'impôt n'avait pas été perçu, les profits en s'accumulant à 10 pour 100, équivaudraient au capital en 7 ans à peu près, au double du capital en 14 ans.

Au terme de 28 ans, les intérêts ne valent qu'un capital double ; les profits vaudraient un capital octuple.

D'où, par le système à la mode, on ne manque pas sans doute à amortir la dette publique ; et de même on parvient en une façon bien plus vive, à amortir la richesse publique.

La question sera plus simple, plus clairé encore, en se prêtant à la consolidation du fonds primitif d'amortissement, en ne prétendant qu'à l'annulation des rentes rachetées depuis l'origine.

Les paroles de l'exposé des motifs, en portent ce semble, la solution précise.

« Une idée singulière s'était répandue : on pré-
« tendait que l'amortissement à 1 pour 100 suffi-
« sait, qu'un amortissement de 80 millions re-
« présentait 2 pour 100; qu'il fallait réduire cet
« amortissement excessif, et affecter l'épargne au
« soulagement des contribuables... On répétait
« que l'amortissement n'était bon qu'à réaliser
« les profits des spéculateurs, que l'acquittement
« de la dette publique était une chimère impossi-
« ble à réaliser.... »

« Il nous serait aisé de vous apporter une large
« et facile réduction sur le budget, en prenant
« 40 millions à l'amortissement, en y joignant les
« économies faites sur la liste civile, sur les ser-
« vices généraux, et de nous présenter aux con-
« tribuables comme des bienfaiteurs. De telles
« illusions sont indignes d'un gouvernement sin-
« cère..... il faut savoir imposer quelques sa-
« crifices à un pays qu'on aime, lorsque ses inté-
« rêts bien constatés le commandent. »

Le premier passage présente des raisons plus faciles à rejeter qu'à réfuter.

Le second expose des avantages importans, et n'oppose que des scrupules mal fondés.

Nul engagement n'a été pris vis-à-vis les créanciers de l'Etat.

« On a été jusqu'à soutenir que les fonds de
« l'amortissement n'étaient pas moins sacrés que
« ceux de la dette : non, l'Etat ne doit aux créan-
« ciers que le service exact des arrérages (*Rapport du duc de Lévis*, 1825). »

Les intérêts du pays commandent dans le sens
contraire.

« On pourrait mettre en question si le fonds de
« l'amortissement n'aurait pas pu être aussi pro-
« ductivement placé, en restant disponible dans
« les mains des contribuables (*Rapport du comte
Mollien*, 1825). »

Aussi, un tel système, est nouveau, était in-
connu.

« Il faut le dire à la honte de tous ceux qui ont
« administré la fortune des peuples, il n'a encore
« existé nulle part (*Exposé des Motifs*). »

C'est un essai à tenter, au prix des frais infligés
au présent, à travers les risques encourus dans
l'avenir.

Vainement le premier crédit de la terre pourrait être obtenu à des conditions moins oné-
reuses :

« L'Angleterre a adopté un amortissement fort
« modique, celui de 1 pour 100 ; elle l'a très
« inexactement servi. Mais elle a été d'une fidélité
« inviolable dans le paiement des intérêts ; et elle
« a joui du premier crédit de la terre. »

Vainement un siècle de grandeur a pu être soutenu sans une dépense si exorbitante.

« Il y a deux systèmes d'amortissement : l'un
« excite le crédit, le remonte quand il tend à
« fléchir, lui imprime la force nécessaire pour
« suffire à un siècle de guerre et de grandeur. »

Si l'ambition ne peut s'élever plus haut, l'inquiétude s'agite au sujet d'une certaine considération.

« A la fin de ce terme, il laisse une nation
« avec une dette énorme et un avenir épuisé. »

Ce sont des intérêts bien constatés à cent ans de date, qui commandent d'imposer des sacrifices, pour la période entière.

Encore, les sacrifices de tout un siècle, menacent fort de ne pas satisfaire, aux intérêts de l'autre siècle.

« Les mains de l'homme sont souvent impuis-
« santes pour saisir et façonner l'avenir, elles
« n'y réussissent que rarement. »

On ne sait trop si d'une vérité aussi manifeste, il semblera légitime de tirer cette conséquence.

« Il n'y a de conception, vraie, morale, politi-
« que, que celle qui dans ses calculs embrasse un
« avenir d'une vaste étendue. »

On ne sait trop s'il semblera possible et convenable d'exécuter un tel plan,

« Qui en créant au centre de l'Etat, un immense
« réservoir de capitaux, y établit à côté de la

« puissance qui l'épuise, une autre puissance qui
« le remplit en même proportion. »

Or, voilà où gît la question, car cette puissance est celle de l'intérêt composé.

A son égard, une maxime paraît dominer
et déterminer.

« Il faut établir cette puissance dont je vous ai
« exposé le secret, qui recueille des infiniment
« petits trop négligés par les hommes, et les mul-
« tipliant par eux-mêmes, les fait arriver à des
« masses infiniment grandes... »

« C'est là tout le secret des prodigieux effets
« de l'amortissement à intérêt composé. Ces par-
« celles d'intérêt qui s'échapperaient inaperçues,
« l'amortissement se les approprie ; il les accu-
« mule, et il produit avec elles des masses consi-
« dérables...

« Qu'est-ce qui songe à placer un petit capital
« avec accumulation d'intérêt ? Or, ce que chacun
« ne fait pas, l'Etat le fait pour tous. Il applique
« à un capital considérable, cette puissance re-
« productive que les particuliers négligent d'ap-
« pliquer à des milliers de petits capitaux ; et en
« opérant en masse avec cette puissance, il arrive
« à racheter des dettes énormes. »

Telle est l'idée essentielle, fondamentale qui a
dicté le projet présenté.

Si les bases manquent, l'édifice croule.

Dans les temps, où chacun se faisait un
trésor, l'idée était juste.

2

Même, en ne considérant que le capital en numéraire, elle est vraie.

Mais il n'y a plus de coffre-fort, où enfouir les parcelles d'intérêt.

Mais le capital en signe monétaire, n'est rien auprès du capital en valeurs réelles.

Sans doute, peu de gens ont le bon esprit de placer de petites sommes avec accumulation d'intérêt.

Comme aussi personne n'a la sottise de ne pas faire emploi des fractions en espèces, de ne pas faire usage des fragmens en produits.

On ne songe pas à placer le petit capital : c'est le petit capital qui se place de lui-même, sans qu'on y songe.

Au plus il se tient en suspens, dans l'attente d'un meilleur emploi ou usage.

Jamais il ne stagne à demeure : jamais il ne se change en un fonds mort.

Il vit ou vivra : et dès-lors il enfante, il jette des valeurs réelles, en partie échangées , en partie œuvrées :

Celles-ci qui viennent s'accumuler au profit des maîtres du capital ; celles-là qui vont s'accumuler au profit des artisans du travail.

Si le trésor fait de l'intérêt composé, l'Etat ou la société se fait du profit composé.

Là, c'est l'intérêt des intérêts ; ici, c'est le profit des profits.

Il y a à remarquer que l'intérêt des intérêts

n'est progressif qu'à raison de 5 ou 4 pour 100.

Au lieu que le profit des profits est progressif à raison de 8 et 10 pour 100 :

Si bien qu'au terme de 40 ans par exemple, l'accumulation produite par le premier mode, au denier 25, ne monte qu'au multiple de 4 :

Au lieu que celle produite par le second mode, au denier 10, s'élève au multiple de 32.

C'est-à-dire, qu'un capital primitif de mille fr., donne un capital de 4 mille francs; ou en donne un de 32 mille francs.

D'où, la puissance du profit des profits à ce terme, est octuple de celle de l'intérêt des intérêts.

Et cette puissance, se tient prête de même à remplir le réservoir de capitaux qui s'est épuisé :

Cette puissance au lieu d'être créée au centre de l'Etat, est renaissante, au sein de la société entière;

Cette puissance s'exerce en liberté, s'entretient en vigueur, s'accélère en mouvement.

EXTRAIT de l'Ecrit intitulé : *Du Remboursement
et de l'Amortissement*, février 1830:

On n'a pas le droit de rembourser la rente.

Surtout on n'a pas le droit de la réduire en simulant
des offres réelles.

Un droit naît avec l'acte, sort de l'acte même ; ni le
débiteur, ni le créancier n'en avaient l'idée.

Un droit ne surgit pas à l'égard de ce qui est consommé : ce serait un effet rétroactif.

Un droit n'apparaît pas à la convenance d'une partie :
il y aurait iniquité pour l'autre.

Un droit n'est acquis que par la coutume ou la convention : jamais elles n'ont existé.

Un droit ne s'invente pas par analogie : d'ailleurs elle
ne se rencontre pas.

Un droit ne se fonde pas sur un artifice : l'amortissement a forcé le cours de la rente.

Un droit ne s'exerce pas comme par accident : la baisse
peut succéder à la hausse.

Un droit impose un devoir collatéral : après avoir réduit, il faudrait consacrer le fonds d'amortissement.

Un droit suppose un devoir corrélatif : en réduisant
l'intérêt au cours de 110, on serait tenu de l'augmenter
au cours de 90.

Les rentiers sont créanciers, sont citoyens.

Au titre de créanciers, l'État est débiteur purement et

simplement : son droit s'est épuisé lors du versement des fonds ; son devoir est engagé au paiement de l'intérêt.

L'État, ou le gouvernement du Roi, ou le parlement formé des trois pouvoirs, est partie obligée.

Dans la vérité, il n'y a pas de cause, de matière à procès : le contrat est là.

Suivant l'équité, en cas de procès, les deux parties doivent être entendues.

Suivant l'équité, une partie ne peut être juge dans sa cause.

L'État est d'autant moins en titre, après que la rente a déjà été réduite par un acte de violence.

Il est d'autant moins en titre, en ce qu'il ne peut garantir contre le retour d'une semblable mesure.

Qu'on y prenne garde : depuis l'origine des sociétés, il s'est commis plus d'iniquités, plus d'atrocités, sous les formes de la loi, qu'en toute autre façon.

En qualité de citoyens.

L'État est tuteur des rentiers, ainsi que de toutes les classes de la société.

Il doit les protéger de même que les autres, les défendre vis-à-vis des autres.

L'État reste neutre : le débat est entre les rentiers et les contribuables.

Sous ce rapport, l'État se fait juge à bon droit : seulement il est tenu à rendre justice.

Ce qui sert ailleurs, nuit ici : ceux-là sont enrichis, ceux-ci sont dépouillés.

Le mal est très sensible, le bien est imperceptible.

Rien n'autorise donc, rien n'engage donc.

Qu'on y prenne garde : la majorité tend à faire passer son intérêt en loi, à faire subir sa loi à la minorité.

Le cri presque unanime étouffe les plaintes éparses : la conscience y est trompée.

Et l'existence, la liberté, la fortune demeurent sans garantie.

Ce serait un premier pas.

A l'égard de l'Etat, il n'en résulte ni formation de nou‑velles richesses, ni accroissement du capital national.

Quant aux membres de l'Etat, en ne remboursant pas, le cinq et le trois, remis au niveau, s'établissent au cours mitoyen, au dernier vingt-cinq environ.

Et l'argent pleut aussi bien, ou même davantage, n'étant plus commandé au service de l'agiotage.

Puis, le taux de l'intérêt contractuel ne se règle point sur celui de l'intérêt bursal.

Deux causes générales le déterminent : l'abondance des fonds et la rareté des emplois.

Une cause spéciale y influe, le degré de sécurité, de ponctualité des paiemens.

Dans l'agriculture, des retours lointains et incertains tendent à le tenir élevé.

Dans l'industrie, sa baisse ne favorise que la concur‑rence au dehors, et souvent détermine au dedans un excès de fabrication.

Il est heureux que l'emploi variable des opérations de bourse ait peu de rapport avec les emplois stables de la production rurale et industrielle ; car les saccades inévi‑

tables de l'un se feraient sentir par contre-coup sur les autres.

La production, sauf pour l'objet minime des ventes à l'étranger, requiert bien moins un faible taux, qu'un taux fixe d'intérêt.

Quand l'intérêt fléchit, les entreprises sont suscitées en foule, et s'accomplissent avec des emprunts à bas prix.

D'où la surabondance des produits, qui ne profite qu'un moment à la consommation, cause la ruine de l'industrie.

Ensuite, si l'intérêt vient à hausser, les capitaux se retirent ou s'engagent à un taux exagéré, ce qui détruit une quantité de fabriques.

En tant que l'intérêt bursal peut influer sur l'intérêt contractuel, le besoin, le devoir commandent seulement de maintenir le niveau du premier.

D'autant que l'agiotage expirant bientôt, revomit les fonds qu'il consommait et les restitue au travail.

La recette se bornerait à faire acheter au-dessous de tel prix, car le pair n'est qu'un vain mot, et à faire revendre au-dessus du même prix.

Ainsi on obtiendrait, non pas l'amortissement de la dette, mais l'amortissement de la bourse.

L'état et ses membres, ou la richesse nationale et l'agriculture, l'industrie, ne gagnent que par la diminution des charges fiscales.

Non pas de celles consacrées à l'entretien des services publics, qui garantissent la liberté, la sûreté, la propriété.

Mais de celles enfouies au jeu de l'amortissement, dont l'effet se borne à forcer le cours, à rogner la dette.

Les fonds laissés à l'agriculture et à l'industrie, fournissent un produit brut de dix pour cent par an, et avec l'intérêt composé, un capital double en moins de huit années.

Les fonds jetés dans l'amortissement n'ont été jusqu'à présent placés qu'à cinq pour cent, ne seront plus placés qu'à quatre pour cent : donnant avec l'intérêt composé, un capital double en quatorze ou - vingt années.

Le capital appliqué à la production s'élève au double en huit ans, au quadruple dans seize, à l'octuple dans vingt-quatre ans : tandis que le capital absorbé par les rachats, ne monte guère qu'au double, à ce dernier terme.

Après quarante ans, le premier est porté au multiple de trente - deux, et le second reste au multiple de quatre.

C'est ici et seulement ici, qu'il importe de calculer la puissance de l'intérêt composé,

De dix-huit cent seize à dix-huit cent trente, la dépense de l'amortissement a consommé sept cent millions environ, qui équivalent à un milliard et demi avec l'intérêt de l'intérêt.

L'emploi de cette somme, opéré par les contribuables, aurait formé un capital final de trois milliards.

Sur le bilan actuel de la richesse publique, à l'actif, il y a trois milliards en capital, de moins ; au passif, il y a cinquante millions en rentes de moins.

Les rachats reviennent au denier soixante ; toutefois, sous la déduction de l'intérêt successif des rentes acquises.

Quant au bilan futur, il est déchargé d'un service de cinquante millions ; il est privé d'un profit de deux cent à trois cent millions , résultant de l'emploi de trois milliards.

Et comme le signe monétaire se déprécie plus rapidement, que ne se dégrade le taux du profit ; en valeur réelle, le rapport devient de plus en plus fâcheux.

Il faut rechercher quant à l'amortissement, non pas quelles sont ses fins ; car ce serait supposer qu'il est le fruit d'une conception, d'une combinaison rationnelle :

Mais bien quels sont ses effets, car il s'en manifeste à la suite d'un acte quelconque ; et seulement quand l'acte est opéré à l'aveugle, les effets contrarient les vaines présomptions.

L'amortissement tend à hausser le cours des fonds publics ; ce qui nuit d'autant au projet de diminuer la dette.

L'amortissement prétend diminuer la dette ; à quoi il parvient dans ce rapport , qu'au taux actuel il absorberait trente millions ou le sixième en dix années ; et qu'en faisant subir au pays, le service des rentes rachetées, il absorberait toute la dette en trente années peut-être.

De plus il entend hâter l'époque de la réduction de l'intérêt ; auquel titre les dépenses effectuées doivent s'élever par-delà le quadruple du bénéfice opéré.

Enfin il sous-entend faciliter des emprunts nouveaux, dans lequel but les espérances acquises au prix de frais énormes, seront trompées au moment, par la moindre chance politique.

La vérité est trop simple.

La France, contrée agricole, pays continental, Etat révolutionné, qui tant de fois viola les contrats, qui n'entre que d'hier dans les voies du crédit, qui aspire pendant la paix les capitaux de l'étranger, est exposée aux variations les plus soudaines, les plus violentes du cours.

On rachète au-dessous de quatre pour cent : on n'emprunterait en cas de guerre, qu'à six pour cent : il y a perte d'un tiers, sans parler des avances de fonds.

En faisant ce métier pendant dix ans, les avances monteront à huit cent millions pour le trésor, équivaudront, avec l'intérêt de l'intérêt, à près de deux milliards pour l'Etat : en retour de trente millions de rentes amorties.

Puis, au terme de dix ans, on empruntera deux milliards, rentrant ainsi dans les fonds déboursés ; au taux de six pour cent, au prix de cent vingt millions de rente.

Il y aura quatre-vingt-dix millions de perte par an ; sauf la faillite qui sera d'autant plus hâtive.

Or sans aucun amortissement, comme il ne resterait qu'un sixième de plus sur le grand livre, l'emprunt se remplirait à demi pour cent en sus, montant à dix millions.

L'épargne de ces dix millions aura coûté deux milliards, dans la proportion du denier deux cents.

Les effets de l'amortissement consistent à hausser le

cours des fonds, à diminuer le montant de la dette, à hâter la réduction de l'intérêt, à faciliter des emprunts nouveaux.

Eh bien ! ces quatre points sont obtenus par d'autres causes, sans nuire aux contribuables, sans frapper sur les rentiers.

En premier lieu, se présente l'accroissement du capital national ou la création de nouvelles richesses, dont la marche naturellement progressive, est arrêtée par la levée du fonds d'amortissement : lequel nuit ainsi, plus qu'il ne sert autrement.

A leur aide, des fonds viennent se colloquer dans la rente et en immobilisent, en amortissent une portion sans cesse augmentée.

En second lieu, la dépréciation du signe monétaire, fait tomber de plus en plus, la valeur nominale, calculée en chiffres, au-dessous de la valeur réelle, appréciée en denrées.

Après un demi-siècle, les deux cent millions de la dette ne représentent plus que cent millions, au titre du jour du contrat : ce qui occasione déja une forte réduction dans la fortune des rentiers.

Et par l'action coïncidente de ces deux causes, il arrive ; d'une part, que la richesse publique élevée au double, ne subvient plus par exemple, que d'un quarantième du revenu, au lieu d'un vingtième, pour l'acquit des deux cent millions.

De l'autre part, que les deux cent millions dépréciés à moitié, ne requièrent plus pour leur acquit, qu'un quarantième au lieu d'un vingtième du revenu actuel, et par conséquent qu'un quatre-vingtième du revenu futur.

Tellement que le prélèvement sur les fortunes privées, au terme de cinquante ans , doit s'opérer dans la proportion du quart seulement , en rapport de la perception imposée sur ces fortunes, au moment présent.

***

EXTRAIT de l'Ecrit intitulé : *De la Loi économique,* octobre 1830.

L'évènement instruit et sert.

Dans les temps, il fut tenté vainement d'éclairer. sur le cours et la fin du trois pour cent.

L'œil fixé sur l'Angleterre, on prétendait atteindre à des résultats pareils, en partant des données les plus contrastantes.

A vrai dire, là , tout est capital ; ici, tout est revenu.

Là , l'industrie a des progrès rapides; ici, la culture n'a que des progrès lents.

Le trois anglais est de création primordiale , issu de la nature, gardant son prix sans efforts, habile à soutenir les emprunts.

Le trois français est d'invention artificielle, naissant à l'ordre, se maintenant à grands frais, incapable de supporter le moindre revers.

Enfin , la preuve s'est fait jour.

On a vu le trois baisser de 20 francs, tandis que le cinq n'a fléchi que de 10 francs.

C'est que l'intérêt du fonds doit commander le prix en dernière analyse : c'est que le cours du capital était enflé outre mesure, par l'appât de la hausse.

Le fonds montait à 40 millions environ : on rachetait 5 millions par an ; il était absorbé dans treize années.

Ainsi que l'emprunt royal d'Espagne, il devait s'élever exorbitamment, il devait être précipité soudainement.

La révolution en a été la cause : un emprunt aurait eu le même effet.

Quand les fondemens sont peu solides, plus l'édifice est exhaussé, plus il est exposé.

Que s'ensuit-il déja ?

Pendant cinq ans, le trois a dévoré 400 millions; après cinq ans, son cours se retrouve au même taux.

Il a été payé 400 millions par le trésor : il a été ravi 5 ou 600 millions, à cause des profits naturels, à la richesse publique.

Dix-huit millions de rentes achetées, reviennent au denier 30 : 18 millions de rentes empruntées reviendraient au-dessous du denier 20.

Il y a perte sèche de 200 millions et plus.

Que s'ensuivrait-il désormais ?

En admettant de vils prix, la dépense serait nominalement inférieure, les achats seraient relativement avantageux.

Mais le cours de la bourse dénote le cours de la richesse publique : une dépense moins forte serait plus pesante; des achats moins chers seraient plus onéreux.

En supposant des prix hauts, le calcul se perd dans ses chiffres.

Le cinq étant réduit à quatre, même à trois, il reste un fonds de 120 millions.

Or, l'habitude confirme, et les besoins commandent le placement en fonds publics.

Il faudrait courir après la rente, jusqu'au denier 35 et 40.

Il faudrait aller au-delà de quatre milliards, attendre

au terme de quarante ans , pour que la dette fût éteinte.

Laissons là les rêves.

Le prestige est évanoui : en aucun sens, le prestige ne ressuscite.

Nous entrons dans l'ère rude et dure de la réalité : nous sommes tenus à subir ses phases de plus en plus menaçantes.

Au moins, quant au crédit, toute révolution est fatale : après celle de 1688, vingt ou trente ans suffirent à peine pour le rappeler, le fixer.

On peut encore comploter une réduction de rentes à la manière de 1797 : on ne peut plus la proposer sous les formes de 1824 et 1825.

Toute offre simulée de remboursement ne rencontrerait que mépris et risée.

Dès-lors, le cinq reprend le niveau : s'il se tient à 100 francs, le trois est repoussé peu à peu devers 64 fr.

L'amortissement échoue à en forcer le cours : le prix du cinq s'élevant en proportion, il lui faut soutenir cent quatre-vingt millions de rentes.

L'amortissement a poussé le trois, de 65 à 85 ; il n'enlèvera le trois et le 5 en masse, que de 5 fr. au lieu de 20 fr.

C'était folie d'entreprendre : ce serait sottise de poursuivre.

Et l'occasion se prête à lever le plus puissant motif de répugnance.

Il en devait coûter pour prendre une mesure tendant à déprécier la valeur accoutumée du fonds.

Cette valeur étant abaissée par la force des choses, l'intérêt privé n'est plus à considérer.

Au reste, l'amortissement, le remboursement sont

liés : c'est le moyen et c'est le but; le moyen n'a en vue que le but.

Or, le remboursement est illicite, comme l'amortissement est ruineux.

L'idée en a été donnée par l'exemple de l'Angleterre.

On aurait dû remarquer que le droit y est stipulé de tout temps, dans les actes d'emprunt.

En France, au contraire, il n'était pas même sous-entendu ; jamais une telle mesure n'avait eu lieu.

Aussi les argumens se réduisent à l'autorité de l'article 1911 du code civil.

Lequel article ne fut point compris dans le sens des dettes de l'Etat, ne fut pas doué d'un effet rétroactif sur les dettes anciennes.

Lequel article est annulé par l'art. 70 de la charte.

« La dette publique est garantie; toute espèce d'engagement pris par l'Etat avec ses créanciers, est inviolable. »

Encore, qu'est-ce que dit l'art. 1911 ?

« La rente constituée est essentiellement rachetable. »

Les particuliers ont telle dette plus gênante que telle autre : ils sont en droit de faire le choix.

Mais l'Etat n'a qu'une seule dette, qu'une dette homogène, indivisible : il n'a pas titre pour choisir entre l'un ou l'autre rentier, entre l'un ou l'autre emprunt.

Il n'a pas titre pour rembourser par série : car rien ne garantit qu'il soit en mesure de continuer dans cinq ans, dans dix ans.

Les créanciers ajournés sont ainsi tenus en un état de perplexité.

Par le fait, les uns ont été remboursés, les autres ne le seront pas, bien que leur droit soit identique.

De plus , les particuliers prennent soin, avant de rembourser , de se procurer les fonds suffisans.

Nul d'entre eux, étant chargé de cinq cent mille francs de dettes et s'étant épuisé pour ramasser vingt mille francs, n'a l'impudence de faire des offres réelles.

De cinq milliards à deux cents millions, le rapport est le même que de cinq cent mille francs à vingt mille francs.

Le refus serait de même unanime, si la masse des créanciers était constituée en association pour s'entendre, se défendre.

L'autorité n'en impose, ne trompe et ne ruine , qu'en travaillant sous les ténèbres.

A l'égard de l'amortissement, il convient de prendre leçon d'un pays plus expert en semblable matière.

En Angleterre , le fonds d'amortissement a été élevé pendant la guerre , a été maintenu jusqu'à la fin , au taux de douze et quinze millions sterlings.

La paix arrive, et à la fois fournit plus d'alimens à l'impôt, laisse moins de valeur aux capitaux.

Mais aussi, le besoin des emprunts a cessé , et la hausse des fonds augmente le coût des rachats.

Dès-lors, l'amortissement est réduit peu à peu , est limité bientôt au-dessous de deux millions.

On pouvait le soutenir au même taux en prolongeant *l'income tax* : on a préféré abolir cet impôt, le plus équitable, le plus profitable qu'il y eût.

L'amortissement anglais n'atteint pas au quinzième de la rente, au quatre centième du capital.

L'amortissement français dépasse les deux cinquièmes de la rente, le cinquantième du capital.

La différence est de six et huit , à un.

Et en ce pays, le capital de la dette est octuple, le

montant des subsides est double : en ce pays, le crédit est indispensable en cas de guerre.

C'est que le génie a inventé le moyen en vue des besoins, l'a délaissé au terme des besoins.

C'est que le génie s'est aperçu que l'emploi du fonds donnait seulement 3 et demi d'intérêt à la richesse fiscale, et donnerait de 6 à 10 de profit à la richesse agricole ou industrielle.

Qu'on écoute lord Lansdown (mars 1830).

« Retirez le fonds d'amortissement en totalité et faites« en ce qu'il vous plaira; mais garantissez en même temps, « que l'industrie ne soit entravée par aucune taxe : pour « le repos des créanciers, pour le maintien du crédit, c'est « la sécurité la mieux fondée, la plus durable. »

L'amortissement a pour fins, d'alléger le poids de l'impôt, d'élever le taux du crédit, le tout pour l'avenir.

Or il se consume en peines vaines, en faux frais.

Quant au crédit, au terme de dix ans, le sixième de la dette est absorbé, fraction presque insignifiante.

A l'avènement d'une guerre ou d'une révolution, la baisse du cours n'est pas atténuée d'un dixième.

Trente millions de rentes ont été rachetés au prix de huit cent millions : trente millions de rentes seront négociés pour la somme de 550, au lieu de 500 millions.

Quant à l'impôt, il est diminué de trente millions; comme aussi le revenu est diminué de soixante millions, et plus.

Pour la richesse publique, pour l'aisance privée, il y a un déficit énorme.

Les huit cent millions eussent fourni en accroissement de profits, le double ou le triple de ce qu'ils ont rapporté en décroissement d'intérêts.

Car la culture , la fabrique , le commerce , armés du travail, jettent en produits, entre le quinzième et le dixième du capital.

NOTE.

D'après le dernier rapport, au 1er janvier 1831 , la caisse d'amortissement aura reçu sur les tributs du pays , 580 millions, et sur la vente des bois, 90 millions.

Ses achats se seront élevés pendant quatorze ans à 55 millions de rentes, c'est-à-dire, à 4 millions par an, terme moyen.

Et l'annuité en bénéfice de 4 millions, acquise en 1817 par exemple, vaut suivant la loi de l'intérêt composé ou de l'intérêt des intérêts, au terme de 14 ans, à l'intérêt de 5 pour 100, 80 millions.

Mais il y a aussi la loi du profit des profits.

Une année portant l'autre , l'État a contribué sur 670 millions, de 50 millions à peu près.

Laquelle somme , laissée aux peuples , eût fourni un profit annuel de 12 pour cent d'abord, de 8 pour 100 ensuite, donnant une moyenne de 10 pour 100.

Et l'annuité en sacrifice de 5 millions, payée en 1817 , vaut au terme de sept ans, à l'intérêt de 10 pour 100 , environ cent millions.

Au terme de quatorze ans, elle vaut le double , ou deux cent millions.

Ainsi, pour l'opération de 1817 , le bilan de la richesse publique présentera, au 1er janvier 1831 , quatre - vingt millions de gain, deux cent millions de perte.

On peut juger pour les quatorze années.

A. PIHAN DELAFOREST,

IMPRIMEUR DE LA COUR DE CASSATION ,
rue des Noyers , n° 37.